Bills Tracker

Bill	Unit	1	2	3	4	5	6	7	8	9	10	11	12

Bills Tracker

Bills		Month											
Bill	Unit	1	2	3	4	5	6	7	8	9	10	11	12

Bills Tracker

Bill	Unit	\multicolumn{12}{c}{Month}
		1	2	3	4	5	6	7	8	9	10	11	12

Bills Tracker

Bill	Unit	1	2	3	4	5	6	7	8	9	10	11	12

Bills Tracker

Bill	Unit	1	2	3	4	5	6	7	8	9	10	11	12

Bills Tracker

Bill	Unit	1	2	3	4	5	6	7	8	9	10	11	12

Bills Tracker

Bills		Month											
Bill	Unit	1	2	3	4	5	6	7	8	9	10	11	12

Bills Tracker

Bill	Unit	\multicolumn{12}{c}{Month}
		1	2	3	4	5	6	7	8	9	10	11	12

Online Shopping Tracker

DATE	SITE	PRODUCT	COST	S	R

Online Shopping Tracker

DATE	SITE	PRODUCT	COST	S	R

Online Shopping Tracker

DATE	SITE	PRODUCT	COST	S	R

Online Shopping Tracker

DATE	SITE	PRODUCT	COST	S	R

Online Shopping Tracker

DATE	SITE	PRODUCT	COST	S	R

Online Shopping Tracker

DATE	SITE	PRODUCT	COST	S	R

Online Shopping Tracker

DATE	SITE	PRODUCT	COST	S	R

Online Shopping Tracker

DATE	SITE	PRODUCT	COST	S	R

Online Shopping Tracker

DATE	SITE	PRODUCT	COST	S	R

Online Shopping Tracker

DATE	SITE	PRODUCT	COST	S	R

Online Shopping Tracker

DATE	SITE	PRODUCT	COST	S	R

Online Shopping Tracker

DATE	SITE	PRODUCT	COST	S	R

SAVING TRACKER

SAVING FOR:

DATE	DEPOSIT	AMOUNT

SAVING FOR:

DATE	DEPOSIT	AMOUNT

SAVING TRACKER

SAVING FOR:

DATE	DEPOSIT	AMOUNT

SAVING FOR:

DATE	DEPOSIT	AMOUNT

SAVING TRACKER

SAVING FOR:

DATE	DEPOSIT	AMOUNT

SAVING FOR:

DATE	DEPOSIT	AMOUNT

SAVING TRACKER

SAVING FOR:

DATE	DEPOSIT	AMOUNT

SAVING FOR:

DATE	DEPOSIT	AMOUNT

- Donation Tracker -

Date	Donation Type and Description	Organization	Requirement	Value / Sum	Receipt

- Donation Tracker -

Date	Donation Type and Description	Organization	Requirement	Value / Sum	Receipt

- Donation Tracker -

Date	Donation Type and Description	Organization	Requirement	Value / Sum	Receipt

- Tax Deduction -

- Tax Deduction -

☐ _____	☐ _____
☐ _____	☐ _____
☐ _____	☐ _____
☐ _____	☐ _____
☐ _____	☐ _____
☐ _____	☐ _____
☐ _____	☐ _____
☐ _____	☐ _____
☐ _____	☐ _____
☐ _____	☐ _____
☐ _____	☐ _____
☐ _____	☐ _____
☐ _____	☐ _____
☐ _____	☐ _____
☐ _____	☐ _____
☐ _____	☐ _____
☐ _____	☐ _____
☐ _____	☐ _____
☐ _____	☐ _____
☐ _____	☐ _____
☐ _____	☐ _____
☐ _____	☐ _____
☐ _____	☐ _____
☐ _____	☐ _____
☐ _____	☐ _____
☐ _____	☐ _____

- Tax Deduction -

- Tax Deduction -

- Tax Deduction -

- Tax Deduction -

UTILITIES TRACKER

COMPANY NAME : _____

ACCOUNT # : _____

DATE DUE : _____

CUSTOMER SERVICE # : _____

EMERGENCY # : _____

BILLING ADDRESS : _____

URL : _____

USERNAME : _____

PASSWORD : _____

NOTES _____
_____
_____

COMPANY NAME : _____

ACCOUNT # : _____

DATE DUE : _____

CUSTOMER SERVICE # : _____

EMERGENCY # : _____

BILLING ADDRESS : _____

URL : _____

USERNAME : _____

PASSWORD : _____

NOTES _____
_____
_____

COMPANY NAME : _____

ACCOUNT # : _____

DATE DUE : _____

CUSTOMER SERVICE # : _____

EMERGENCY # : _____

BILLING ADDRESS : _____

URL : _____

USERNAME : _____

PASSWORD : _____

NOTES _____
_____
_____

COMPANY NAME : _____

ACCOUNT # : _____

DATE DUE : _____

CUSTOMER SERVICE # : _____

EMERGENCY # : _____

BILLING ADDRESS : _____

URL : _____

USERNAME : _____

PASSWORD : _____

NOTES _____
_____
_____

UTILITIES TRACKER

COMPANY NAME : _____

ACCOUNT # : _____

DATE DUE : _____

CUSTOMER SERVICE # : _____

EMERGENCY # : _____

BILLING ADDRESS : _____

URL : _____

USERNAME : _____

PASSWORD : _____

NOTES _____

_____

_____

COMPANY NAME : _____

ACCOUNT # : _____

DATE DUE : _____

CUSTOMER SERVICE # : _____

EMERGENCY # : _____

BILLING ADDRESS : _____

URL : _____

USERNAME : _____

PASSWORD : _____

NOTES _____

_____

_____

COMPANY NAME : _____

ACCOUNT # : _____

DATE DUE : _____

CUSTOMER SERVICE # : _____

EMERGENCY # : _____

BILLING ADDRESS : _____

URL : _____

USERNAME : _____

PASSWORD : _____

NOTES _____

_____

_____

COMPANY NAME : _____

ACCOUNT # : _____

DATE DUE : _____

CUSTOMER SERVICE # : _____

EMERGENCY # : _____

BILLING ADDRESS : _____

URL : _____

USERNAME : _____

PASSWORD : _____

NOTES _____

_____

_____

UTILITIES TRACKER

COMPANY NAME : _____

ACCOUNT # : _____

DATE DUE : _____

CUSTOMER SERVICE # : _____

EMERGENCY # : _____

BILLING ADDRESS : _____

URL : _____

USERNAME : _____

PASSWORD : _____

NOTES _____

_____

_____

COMPANY NAME : _____

ACCOUNT # : _____

DATE DUE : _____

CUSTOMER SERVICE # : _____

EMERGENCY # : _____

BILLING ADDRESS : _____

URL : _____

USERNAME : _____

PASSWORD : _____

NOTES _____

_____

_____

COMPANY NAME : _____

ACCOUNT # : _____

DATE DUE : _____

CUSTOMER SERVICE # : _____

EMERGENCY # : _____

BILLING ADDRESS : _____

URL : _____

USERNAME : _____

PASSWORD : _____

NOTES _____

_____

_____

COMPANY NAME : _____

ACCOUNT # : _____

DATE DUE : _____

CUSTOMER SERVICE # : _____

EMERGENCY # : _____

BILLING ADDRESS : _____

URL : _____

USERNAME : _____

PASSWORD : _____

NOTES _____

_____

_____

UTILITIES TRACKER

COMPANY NAME : _____

ACCOUNT # : _____

DATE DUE : _____

CUSTOMER SERVICE # : _____

EMERGENCY # : _____

BILLING ADDRESS : _____

URL : _____

USERNAME : _____

PASSWORD : _____

NOTES _____

_____

_____

COMPANY NAME : _____

ACCOUNT # : _____

DATE DUE : _____

CUSTOMER SERVICE # : _____

EMERGENCY # : _____

BILLING ADDRESS : _____

URL : _____

USERNAME : _____

PASSWORD : _____

NOTES _____

_____

_____

COMPANY NAME : _____

ACCOUNT # : _____

DATE DUE : _____

CUSTOMER SERVICE # : _____

EMERGENCY # : _____

BILLING ADDRESS : _____

URL : _____

USERNAME : _____

PASSWORD : _____

NOTES _____

_____

_____

COMPANY NAME : _____

ACCOUNT # : _____

DATE DUE : _____

CUSTOMER SERVICE # : _____

EMERGENCY # : _____

BILLING ADDRESS : _____

URL : _____

USERNAME : _____

PASSWORD : _____

NOTES _____

_____

_____

UTILITIES TRACKER

COMPANY NAME : _____

ACCOUNT # : _____

DATE DUE : _____

CUSTOMER SERVICE # : _____

EMERGENCY # : _____

BILLING ADDRESS : _____

URL : _____

USERNAME : _____

PASSWORD : _____

NOTES _____

_____

_____

COMPANY NAME : _____

ACCOUNT # : _____

DATE DUE : _____

CUSTOMER SERVICE # : _____

EMERGENCY # : _____

BILLING ADDRESS : _____

URL : _____

USERNAME : _____

PASSWORD : _____

NOTES _____

_____

_____

COMPANY NAME : _____

ACCOUNT # : _____

DATE DUE : _____

CUSTOMER SERVICE # : _____

EMERGENCY # : _____

BILLING ADDRESS : _____

URL : _____

USERNAME : _____

PASSWORD : _____

NOTES _____

_____

_____

COMPANY NAME : _____

ACCOUNT # : _____

DATE DUE : _____

CUSTOMER SERVICE # : _____

EMERGENCY # : _____

BILLING ADDRESS : _____

URL : _____

USERNAME : _____

PASSWORD : _____

NOTES _____

_____

_____

UTILITIES TRACKER

COMPANY NAME : _____

ACCOUNT # : _____

DATE DUE : _____

CUSTOMER SERVICE # : _____

EMERGENCY # : _____

BILLING ADDRESS : _____

URL : _____

USERNAME : _____

PASSWORD : _____

NOTES _____
_____
_____

COMPANY NAME : _____

ACCOUNT # : _____

DATE DUE : _____

CUSTOMER SERVICE # : _____

EMERGENCY # : _____

BILLING ADDRESS : _____

URL : _____

USERNAME : _____

PASSWORD : _____

NOTES _____
_____
_____

COMPANY NAME : _____

ACCOUNT # : _____

DATE DUE : _____

CUSTOMER SERVICE # : _____

EMERGENCY # : _____

BILLING ADDRESS : _____

URL : _____

USERNAME : _____

PASSWORD : _____

NOTES _____
_____
_____

COMPANY NAME : _____

ACCOUNT # : _____

DATE DUE : _____

CUSTOMER SERVICE # : _____

EMERGENCY # : _____

BILLING ADDRESS : _____

URL : _____

USERNAME : _____

PASSWORD : _____

NOTES _____
_____
_____

UTILITIES TRACKER

COMPANY NAME : _____

ACCOUNT # : _____

DATE DUE : _____

CUSTOMER SERVICE # : _____

EMERGENCY # : _____

BILLING ADDRESS : _____

URL : _____

USERNAME : _____

PASSWORD : _____

NOTES _____

_____

_____

COMPANY NAME : _____

ACCOUNT # : _____

DATE DUE : _____

CUSTOMER SERVICE # : _____

EMERGENCY # : _____

BILLING ADDRESS : _____

URL : _____

USERNAME : _____

PASSWORD : _____

NOTES _____

_____

_____

COMPANY NAME : _____

ACCOUNT # : _____

DATE DUE : _____

CUSTOMER SERVICE # : _____

EMERGENCY # : _____

BILLING ADDRESS : _____

URL : _____

USERNAME : _____

PASSWORD : _____

NOTES _____

_____

_____

COMPANY NAME : _____

ACCOUNT # : _____

DATE DUE : _____

CUSTOMER SERVICE # : _____

EMERGENCY # : _____

BILLING ADDRESS : _____

URL : _____

USERNAME : _____

PASSWORD : _____

NOTES _____

_____

_____

UTILITIES TRACKER

COMPANY NAME : _____

ACCOUNT # : _____

DATE DUE : _____

CUSTOMER SERVICE # : _____

EMERGENCY # : _____

BILLING ADDRESS : _____

URL : _____

USERNAME : _____

PASSWORD : _____

NOTES _____

_____

_____

COMPANY NAME : _____

ACCOUNT # : _____

DATE DUE : _____

CUSTOMER SERVICE # : _____

EMERGENCY # : _____

BILLING ADDRESS : _____

URL : _____

USERNAME : _____

PASSWORD : _____

NOTES _____

_____

_____

COMPANY NAME : _____

ACCOUNT # : _____

DATE DUE : _____

CUSTOMER SERVICE # : _____

EMERGENCY # : _____

BILLING ADDRESS : _____

URL : _____

USERNAME : _____

PASSWORD : _____

NOTES _____

_____

_____

COMPANY NAME : _____

ACCOUNT # : _____

DATE DUE : _____

CUSTOMER SERVICE # : _____

EMERGENCY # : _____

BILLING ADDRESS : _____

URL : _____

USERNAME : _____

PASSWORD : _____

NOTES _____

_____

_____

UTILITIES TRACKER

COMPANY NAME : _____

ACCOUNT # : _____

DATE DUE : _____

CUSTOMER SERVICE # : _____

EMERGENCY # : _____

BILLING ADDRESS : _____

URL : _____

USERNAME : _____

PASSWORD : _____

NOTES _____
_____
_____

COMPANY NAME : _____

ACCOUNT # : _____

DATE DUE : _____

CUSTOMER SERVICE # : _____

EMERGENCY # : _____

BILLING ADDRESS : _____

URL : _____

USERNAME : _____

PASSWORD : _____

NOTES _____
_____
_____

COMPANY NAME : _____

ACCOUNT # : _____

DATE DUE : _____

CUSTOMER SERVICE # : _____

EMERGENCY # : _____

BILLING ADDRESS : _____

URL : _____

USERNAME : _____

PASSWORD : _____

NOTES _____
_____
_____

COMPANY NAME : _____

ACCOUNT # : _____

DATE DUE : _____

CUSTOMER SERVICE # : _____

EMERGENCY # : _____

BILLING ADDRESS : _____

URL : _____

USERNAME : _____

PASSWORD : _____

NOTES _____
_____
_____

UTILITIES TRACKER

COMPANY NAME : _____

ACCOUNT # : _____

DATE DUE : _____

CUSTOMER SERVICE # : _____

EMERGENCY # : _____

BILLING ADDRESS : _____

URL : _____

USERNAME : _____

PASSWORD : _____

NOTES _____

_____

_____

COMPANY NAME : _____

ACCOUNT # : _____

DATE DUE : _____

CUSTOMER SERVICE # : _____

EMERGENCY # : _____

BILLING ADDRESS : _____

URL : _____

USERNAME : _____

PASSWORD : _____

NOTES _____

_____

_____

COMPANY NAME : _____

ACCOUNT # : _____

DATE DUE : _____

CUSTOMER SERVICE # : _____

EMERGENCY # : _____

BILLING ADDRESS : _____

URL : _____

USERNAME : _____

PASSWORD : _____

NOTES _____

_____

_____

COMPANY NAME : _____

ACCOUNT # : _____

DATE DUE : _____

CUSTOMER SERVICE # : _____

EMERGENCY # : _____

BILLING ADDRESS : _____

URL : _____

USERNAME : _____

PASSWORD : _____

NOTES _____

_____

_____

UTILITIES TRACKER

COMPANY NAME : _____

ACCOUNT # : _____

DATE DUE : _____

CUSTOMER SERVICE # : _____

EMERGENCY # : _____

BILLING ADDRESS : _____

URL : _____

USERNAME : _____

PASSWORD : _____

NOTES _____

_____

_____

COMPANY NAME : _____

ACCOUNT # : _____

DATE DUE : _____

CUSTOMER SERVICE # : _____

EMERGENCY # : _____

BILLING ADDRESS : _____

URL : _____

USERNAME : _____

PASSWORD : _____

NOTES _____

_____

_____

COMPANY NAME : _____

ACCOUNT # : _____

DATE DUE : _____

CUSTOMER SERVICE # : _____

EMERGENCY # : _____

BILLING ADDRESS : _____

URL : _____

USERNAME : _____

PASSWORD : _____

NOTES _____

_____

_____

COMPANY NAME : _____

ACCOUNT # : _____

DATE DUE : _____

CUSTOMER SERVICE # : _____

EMERGENCY # : _____

BILLING ADDRESS : _____

URL : _____

USERNAME : _____

PASSWORD : _____

NOTES _____

_____

_____

UTILITIES TRACKER

COMPANY NAME : _____

ACCOUNT # : _____

DATE DUE : _____

CUSTOMER SERVICE # : _____

EMERGENCY # : _____

BILLING ADDRESS : _____

URL : _____

USERNAME : _____

PASSWORD : _____

NOTES _____

_____

_____

COMPANY NAME : _____

ACCOUNT # : _____

DATE DUE : _____

CUSTOMER SERVICE # : _____

EMERGENCY # : _____

BILLING ADDRESS : _____

URL : _____

USERNAME : _____

PASSWORD : _____

NOTES _____

_____

_____

COMPANY NAME : _____

ACCOUNT # : _____

DATE DUE : _____

CUSTOMER SERVICE # : _____

EMERGENCY # : _____

BILLING ADDRESS : _____

URL : _____

USERNAME : _____

PASSWORD : _____

NOTES _____

_____

_____

COMPANY NAME : _____

ACCOUNT # : _____

DATE DUE : _____

CUSTOMER SERVICE # : _____

EMERGENCY # : _____

BILLING ADDRESS : _____

URL : _____

USERNAME : _____

PASSWORD : _____

NOTES _____

_____

_____

UTILITIES TRACKER

COMPANY NAME : _____

ACCOUNT # : _____

DATE DUE : _____

CUSTOMER SERVICE # : _____

EMERGENCY # : _____

BILLING ADDRESS : _____

URL : _____

USERNAME : _____

PASSWORD : _____

NOTES _____

_____

_____

COMPANY NAME : _____

ACCOUNT # : _____

DATE DUE : _____

CUSTOMER SERVICE # : _____

EMERGENCY # : _____

BILLING ADDRESS : _____

URL : _____

USERNAME : _____

PASSWORD : _____

NOTES _____

_____

_____

COMPANY NAME : _____

ACCOUNT # : _____

DATE DUE : _____

CUSTOMER SERVICE # : _____

EMERGENCY # : _____

BILLING ADDRESS : _____

URL : _____

USERNAME : _____

PASSWORD : _____

NOTES _____

_____

_____

COMPANY NAME : _____

ACCOUNT # : _____

DATE DUE : _____

CUSTOMER SERVICE # : _____

EMERGENCY # : _____

BILLING ADDRESS : _____

URL : _____

USERNAME : _____

PASSWORD : _____

NOTES _____

_____

_____

UTILITIES TRACKER

COMPANY NAME : _____

ACCOUNT # : _____

DATE DUE : _____

CUSTOMER SERVICE # : _____

EMERGENCY # : _____

BILLING ADDRESS : _____

URL : _____

USERNAME : _____

PASSWORD : _____

NOTES _____

_____

_____

COMPANY NAME : _____

ACCOUNT # : _____

DATE DUE : _____

CUSTOMER SERVICE # : _____

EMERGENCY # : _____

BILLING ADDRESS : _____

URL : _____

USERNAME : _____

PASSWORD : _____

NOTES _____

_____

_____

COMPANY NAME : _____

ACCOUNT # : _____

DATE DUE : _____

CUSTOMER SERVICE # : _____

EMERGENCY # : _____

BILLING ADDRESS : _____

URL : _____

USERNAME : _____

PASSWORD : _____

NOTES _____

_____

_____

COMPANY NAME : _____

ACCOUNT # : _____

DATE DUE : _____

CUSTOMER SERVICE # : _____

EMERGENCY # : _____

BILLING ADDRESS : _____

URL : _____

USERNAME : _____

PASSWORD : _____

NOTES _____

_____

_____

UTILITIES TRACKER

COMPANY NAME : _____

ACCOUNT # : _____

DATE DUE : _____

CUSTOMER SERVICE # : _____

EMERGENCY # : _____

BILLING ADDRESS : _____

URL : _____

USERNAME : _____

PASSWORD : _____

NOTES _____

_____

_____

COMPANY NAME : _____

ACCOUNT # : _____

DATE DUE : _____

CUSTOMER SERVICE # : _____

EMERGENCY # : _____

BILLING ADDRESS : _____

URL : _____

USERNAME : _____

PASSWORD : _____

NOTES _____

_____

_____

COMPANY NAME : _____

ACCOUNT # : _____

DATE DUE : _____

CUSTOMER SERVICE # : _____

EMERGENCY # : _____

BILLING ADDRESS : _____

URL : _____

USERNAME : _____

PASSWORD : _____

NOTES _____

_____

_____

COMPANY NAME : _____

ACCOUNT # : _____

DATE DUE : _____

CUSTOMER SERVICE # : _____

EMERGENCY # : _____

BILLING ADDRESS : _____

URL : _____

USERNAME : _____

PASSWORD : _____

NOTES _____

_____

_____

UTILITIES TRACKER

COMPANY NAME : _____

ACCOUNT # : _____

DATE DUE : _____

CUSTOMER SERVICE # : _____

EMERGENCY # : _____

BILLING ADDRESS : _____

URL : _____

USERNAME : _____

PASSWORD : _____

NOTES _____

_____

_____

COMPANY NAME : _____

ACCOUNT # : _____

DATE DUE : _____

CUSTOMER SERVICE # : _____

EMERGENCY # : _____

BILLING ADDRESS : _____

URL : _____

USERNAME : _____

PASSWORD : _____

NOTES _____

_____

_____

COMPANY NAME : _____

ACCOUNT # : _____

DATE DUE : _____

CUSTOMER SERVICE # : _____

EMERGENCY # : _____

BILLING ADDRESS : _____

URL : _____

USERNAME : _____

PASSWORD : _____

NOTES _____

_____

_____

COMPANY NAME : _____

ACCOUNT # : _____

DATE DUE : _____

CUSTOMER SERVICE # : _____

EMERGENCY # : _____

BILLING ADDRESS : _____

URL : _____

USERNAME : _____

PASSWORD : _____

NOTES _____

_____

_____

UTILITIES TRACKER

COMPANY NAME : _____

ACCOUNT # : _____

DATE DUE : _____

CUSTOMER SERVICE # : _____

EMERGENCY # : _____

BILLING ADDRESS : _____

URL : _____

USERNAME : _____

PASSWORD : _____

NOTES _____

_____

_____

COMPANY NAME : _____

ACCOUNT # : _____

DATE DUE : _____

CUSTOMER SERVICE # : _____

EMERGENCY # : _____

BILLING ADDRESS : _____

URL : _____

USERNAME : _____

PASSWORD : _____

NOTES _____

_____

_____

COMPANY NAME : _____

ACCOUNT # : _____

DATE DUE : _____

CUSTOMER SERVICE # : _____

EMERGENCY # : _____

BILLING ADDRESS : _____

URL : _____

USERNAME : _____

PASSWORD : _____

NOTES _____

_____

_____

COMPANY NAME : _____

ACCOUNT # : _____

DATE DUE : _____

CUSTOMER SERVICE # : _____

EMERGENCY # : _____

BILLING ADDRESS : _____

URL : _____

USERNAME : _____

PASSWORD : _____

NOTES _____

_____

_____

MILEAGE LOG

MAKE:		MODEL:		YEAR:	
DATE:	ODOMETER: START | END		TOTAL:	DESTINATION / PURPOSE:	

MILEAGE LOG

MAKE:		MODEL:		YEAR:	
DATE:		ODOMETER: START | END		TOTAL:	DESTINATION / PURPOSE:

MILEAGE LOG

MAKE:		MODEL:		YEAR:	
DATE:	ODOMETER: START | END		TOTAL:	DESTINATION / PURPOSE:	

MILEAGE LOG

MAKE:		MODEL:		YEAR:	
DATE:	ODOMETER: START | END		TOTAL:	DESTINATION / PURPOSE:	

MILEAGE LOG

MAKE:		MODEL:		YEAR:	
DATE:		**ODOMETER:** **START | END**		**TOTAL:**	**DESTINATION / PURPOSE:**

MILEAGE LOG

MAKE:		MODEL:		YEAR:	
DATE:		ODOMETER: START | END		TOTAL:	DESTINATION / PURPOSE:

MILEAGE LOG

MAKE:		MODEL:		YEAR:	
DATE:	ODOMETER: START | END		TOTAL:	DESTINATION / PURPOSE:	

MILEAGE LOG

MAKE:		MODEL:		YEAR:	
DATE:		ODOMETER: START | END		TOTAL:	DESTINATION / PURPOSE:

MILEAGE LOG

MAKE:		MODEL:		YEAR:	
DATE:	**ODOMETER: START	END**		**TOTAL:**	**DESTINATION / PURPOSE:**	

MILEAGE LOG

MAKE:		MODEL:		YEAR:	
DATE:	ODOMETER: START | END		TOTAL:	DESTINATION / PURPOSE:	

MILEAGE LOG

MAKE:		MODEL:		YEAR:	
DATE:		ODOMETER: START | END		TOTAL:	DESTINATION / PURPOSE:

MILEAGE LOG

MAKE:		MODEL:		YEAR:	
DATE:	**ODOMETER:** **START | END**		**TOTAL:**	**DESTINATION / PURPOSE:**	

MILEAGE LOG

MAKE:		MODEL:		YEAR:	
DATE:		ODOMETER: START | END		TOTAL:	DESTINATION / PURPOSE:

MILEAGE LOG

MAKE:		MODEL:		YEAR:	
DATE:		ODOMETER: START | END		TOTAL:	DESTINATION / PURPOSE:

www.ingramcontent.com/pod-product-compliance
Lightning Source LLC
Chambersburg PA
CBHW072207170526
45158CB00004BB/1788